# AUX PATRIOTES

## DE

# L'OISE

PAR

## ANDRÉ ROUSSELLE

Avocat à la Cour de Paris,

## Conseiller général de l'Oise.

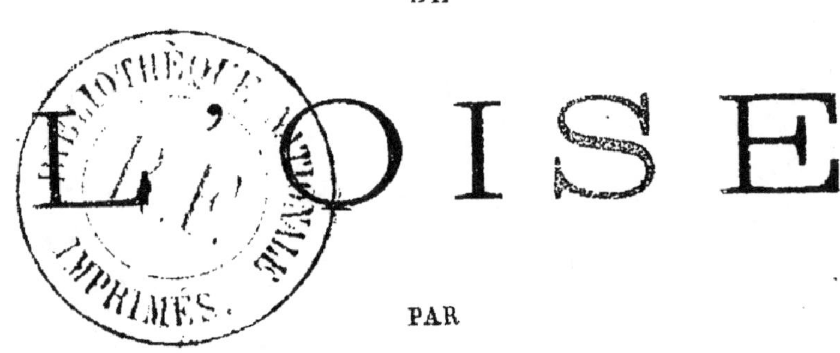

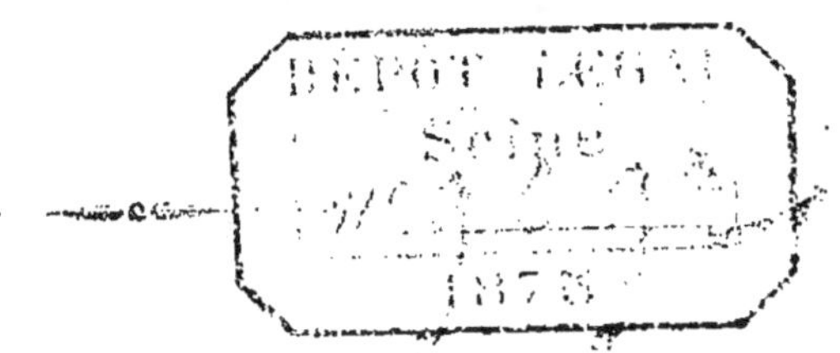

# PARIS

## CHEZ L'AUTEUR

1, RUE HAUTEFEUILLE, 1

—

1875

# AUX PATRIOTES

# DE L'OISE

—⚬⚬⚬—

Messieurs et chers concitoyens,

Depuis les tentatives qui ont été faites pour renverser la République, et pour lui substituer une des trois Monarchies qui ont régné sur la France, il m'a été impossible de correspondre avec vous. Les conférences que j'avais commencé à organiser à Compiègne, à Liancourt, à Montataire, à Noailles, à Creil, ainsi que dans d'autres parties du département, m'ont été interdites. La *Gazette des paysans*, dans laquelle je publiais périodiquement des articles sur la situation et sur les questions à l'ordre du jour, a été supprimée par l'état de siége. Grâce aux procédés des fonctionnaires de l'ordre moral, j'ai été mis dans l'impossibilité de parler ou d'écrire dans l'Oise.

Les journaux appartenant aux factions, plus ou moins déguisées, de la coalition anti-républicaine se sont bien gardés de m'offrir l'hospitalité de leurs colonnes. Bien loin de là, ils se sont entendus pour me calomnier à qui mieux mieux. Malgré les démentis que je faisais pleuvoir sur eux et qu'ils refusaient naturellement d'insérer, ils ont continué jusqu'à ce jour, avec un acharnement que tout le monde connaît, leur triste métier. Non-seulement ils m'ont prêté des paroles que je n'ai jamais prononcées, et ont odieusement travesti les actes que j'ai pu accomplir, mais ils ont dénaturé, avec une mauvaise foi insigne, les articles que j'ai publiés dans les journaux républicains des autres départements.

Aussi ai-je résolu de mettre sous vos yeux les articles en question, afin que ceux d'entre vous qui m'ont honoré précédemment de leurs suffrages, puissent apprécier par eux-mêmes si je suis demeuré, oui ou non, digne de leur confiance. Il est vraiment temps que l'opinion publique de l'Oise, qu'on a vainement tenté d'égarer, en ne lui faisant entendre qu'une cloche, puisse juger, comme ils le méritent, les calomniateurs à gages des républicains les plus éprouvés !

# La situation en province.

Coullemogne, par Marseille-le-Petit
(Oise), le 1<sup>er</sup> octobre 1875

« Mon cher directeur,

« Plus je réfléchis et plus j'observe les faits de la politique actuelle des partis, plus je suis convaincu que nos amis de l'Assemblée nationale ont commis une imprudence, qui a pu être considérée comme une faute, en votant *sans conditions* la Constitution dn 25 février.

« Rien n'égale, à coup sûr, la profondeur de leur dévouement à la République et la pureté de leurs intentions. Fatigués des intrigues orléanistes, et redoutant à juste titre les violences bonapartistes, ils ont voulu sortir à tout prix d'un provisoire rempli de périls, et ils ont doté la France d'un gouvernement défini et définitif. Ils ont voté la nouvelle Constitution, avec plus de résolution que d'enthousiasme. Ils ne se sont pas dissimulé qu'en agissant ainsi, en se condamnant à ce sacrifice, ils s'exposaient aux justes critiques des impatients et des intransigeants. Ils ont passé outre, en se rendant cette justice, qu'ils ne subissaient les fourches caudines des orléanistes que comme une nécessité de la situation, que pour donner satisfaction à leurs angoisses patriotiques, et pour éviter à notre malheureux pays de nouvelles hontes et de nouvelles calamités. Ils se sont inclinés devant la souveraineté du but et se sont dit, dans l'ardeur de leur dévonement, en se rappelant le mot héroïque des patriotes de la Convention : *Périssent vos mémoires et que la Répuhlique soit sauvée!* Sans doute il leur eût été plus facile de s'écrier : *Périssent les colonies plutôt qu'un principe;* mais ils ont préféré se conduire en hommes sérieux et pratiques, c'est-à-dire en véritables politiques. Tout patriote doit donc rendre un vif et sincère hommage à l'excellence de leurs intentions.

« Malheureusement, leurs efforts n'ont pas été couronnés de succès. Ils n'ont pas atteint le but qu'ils poursuivaient avec tant de bonne volonté, au prix de si durs et de si cruels sacrifices. Ils n'ont momentanément évité un péril que pour s'exposer immédiatement à un autre. Ils ont, il est vrai, sauvé la France des violences bonapartistes, mais ils l'ont livrée aux piéges orléanistes. Ils sont dupes de leurs nouveaux alliés, qui, depuis qu'ils se sentent un peu rassurés, ne sont pas éloignés de faire campagne avec leurs ennemis de la veille. La conduite actuelle des orléanistes nous prouve une fois de plus que ces hommes sans principes, qui ne se sont jamais servis que d'expédients pour acquérir et conserver les avantages matériels du pouvoir, ont moins horreur du césarisme que de la démocratie. Toute leur tactique, aujourd'hui, consiste à calomnier toujours et partout les républicains, et à les écarter systématiquement de toute fonction, élective ou autre. Aux patriotes républicains ils préfèrent cent fois les factieux bonapartistes. Tel est le mot d'ordre transmis par les ministres actuels à leurs subordonnés des diverses administrations. La chose est allée si loin, qu'on trouverait plus aisément une aiguille dans une botte de foin qu'un fonctionnaire républicain dans la France entière.

« Cela tient assurément à ce que nos amis de l'Assemblée nationale, malgré les durs enseignements du passé, malgré les souvenirs de la rue de Poitiers, malgré les trahisons de 1849 et de 1850, n'ont exigé aucunes garanties de leurs nouveaux alliés, et, jugeant autrui par eux-mêmes, s'en sont naïvement rapportés à la parole donnée. Ils ont oublié que les monarchistes, quels qu'ils soient, savent se plier aux nécessités du jour, et changer avec la plus grande aisance leur visage, leur langage et leur conscience, suivant que leurs intérêts paraissent l'exiger. Les républicains sont donc actuellement désarmés contre leurs adversaires orléanistes et bonapartistes. Tel est le péril de la situation. Par suite de l'état de siége, il n'y a pour nous, ni liberté de presse, ni liberté de réunion, ni liberté d'association. Pendant que nos ennemis tiennent tous les postes, et peuvent librement faire de la propagande, se grouper, se réunir et se concerter en vue d'une action commune, les parquets répriment la moindre de nos paroles et le plus inoffensif de nos actes. Les républicains de Lyon et de Marseille sont persécutés pendant que le *comité de l'appel au peuple* est encouragé. Le scrutin de liste, dont l'emploi devait permettre aux partis de se compter et de donner la mesure exacte de leur influence politique, va être supprimé et remplacé par le scrutin uninominal qui, à l'influence politique, — la seule légitime en matière électorale, — substituera l'influence de la naissance et de la fortune. Nous sommes donc menacés d'une grave atteinte à la sincérité du suffrage universel, et par suite à la durée de la paix sociale.

« Est-ce à dire pour cela qu'il faille se décourager? Nous ne le pensons pas. C'est une raison au contraire pour redoubler d'efforts. Nous avons pour nous, non-seulement la possession, — qui est bien quelque chose dans ce pays conservateur de France, — mais encore la supériorité scientifique et pratique de l'idée, le désintéressement, le patriotisme. Ce qui nous manque, c'est l'activité. Pendant que les orléanistes et les bonapartistes se remuent et s'agitent pour calomnier la République et les [républicains, et pour égarer le suffrage universel, qui est à peine majeur, nous prenons les choses avec un peu trop de laisser-aller. Nous abandonnons trop à elles-mêmes les populations rurales, dont l'esprit est encore hanté de nombreux et graves préjugés. Notre propagande est de beaucoup inférieure à celle des partis adverses. Il semble que la certitude du succès ait diminué notre ardeur. Nous comptons trop sur la complicité du temps et sur la force des choses. La politique, — qui est le mouvement perpétuel, — demande des adorateurs plus zélés. Ceux qui s'arrêtent sont bientôt dépassés. La tactique de nos ennemis consiste à jeter la désunion et le découragement dans nos rangs. Les bonapartistes accusent nos chefs d'orélanisme. Pour continuer le même jeu les orléanistes taxent de bonapartisme les républicains les plus anciens et les plus convaincus. Pendant ce temps, des bonapartistes et des orléanistes à l'âme basse et vile, — natures d'espions et de traîtres, — se glissent dans nos rangs et empruntent notre langage pour mieux pénétrer et révéler nos résolutions, et surtout pour mieux nous compromettre et nous diviser par l'ardeur de leur faux zèle et par l'éclat de leurs convictions d'emprunt. [Il y a là un danger, dont il nous faut nous garder avec soin. Nos échecs dans l'Oise ne sont pas dus à une autre cause. Sans doute, il ne faut nous montrer ni intolérants, ni absolus. Nous devons ouvrir nos rangs à tous les hommes de bonne foi et de bonne volonté sans rechercher la date de leur conversion. Mais nous devons surtout nous défier des faux frères, qui font plus de tort à notre idée, que de nombreuses recrues ne lui apporteraient de force.

« Nous avons donc besoin d'autant de réserve que d'activité, d'autant de prudence que d'ardeur. En continuant à faire preuve d'un dévouement persévérant et éclairé, nos amis, — s'ils savent se défendre contre les écueils orléanistes, écueils d'autant plus dangereux qu'ils sont plus cachés, — nous conduiront sûrement au port.

« André Rousselle,<br>« Conseiller général de l'Oise »

(Phare de la Loire du 3 octobre 1875.)

---

## II

# L'orléanisme dans l'Oise.

Coullemogne (Oise), le 31 octobre 1875.

« Mon cher directeur,

« Ce sont les électeurs de l'Oise qui ont envoyé M. le duc d'Aumale siéger au conseil général de leur département; ce sont les mêmes électeurs qui ont nommé le même duc membre de l'Assemblée nationale; c'est enfin le conseil général de l'Oise qui a élevé le même personnage à la présidence du conseil départemental. Le département de l'Oise paraît donc inféodé aux princes de la famille d'Orléans.

« C'est cependant le même département qui a élu député à une grande majorité M. le duc de Mouchy, le protégé de M. Léon Chevreau, le cousin du despote déchu et l'ami de l'imberbe prétendant de Chislehurst.

« Comment un aussi étrange phénomène a-t-il pu se réaliser? Comment une pareille contradiction a-t-elle pu se produire? Le département de l'Oise serait-il, — selon la forte expression de l'Evangile, — retourné à son vomissement?

« Pour comprendre cette contradiction, plus apparente que réelle, il faut se rendre compte de l'attitude composée et complexe des orléanistes dans l'Oise.

« Ces orléanistes, — il faut leur rendre cette justice, — ont le sentiment très-vif de leur complète impopularité. Ils savent parfaitement bien qu'entre les bonapartistes et les républicains il n'y a, directement du moins, aucune place pour eux. Aussi n'ont-ils jamais arboré franchement leur drapeau. Ils sont, du reste, fort peu nombreux. Leur secte se compose d'un état-major sans troupes, qui a toujours soigneusement caché ses desseins, n'obéissant à aucun principe fixe et n'écoutant que ses prétendus intérêts du moment. Seulement, ces habiles, grâce à l'influence que donne la fortune aux yeux des électeurs inexpérimentés, ont-ils toujours pesé d'un certain poids dans la balance électorale. Ce sont eux, — on peut le dire, — qui, suivant qu'ils se porteront à droite ou à gauche, assureront le succès des prochaines élections dans l'Oise.

« Voici quelle a été leur attitude depuis le 4 septembre 1870 :

« **Au** lendemain de l'effondrement de l'édifice impérial, — autant par habileté que par peur, — ils se sont dits républicains. C'était le mot d'ordre du moment. Les journaux entretenus par eux ont parfaitement joué leur jeu, et merveilleusement exécuté leur consigne. M. le duc d'Aumale était républicain ; M. Albert Desjardins également. Il n'était pas jusqu'à M. le marquis de Mornay qui n'affirmât la République.

« A la suite des élections générales du 8 février 1871, et pendant toute la présidence de M. Thiers, l'incertitude de l'avenir leur fit tenir la balance à peu près égale entre les républicains et les bonapartistes. Ils se réservèrent et se recueillirent, n'ayant d'autre souci que de ne pas se compromettre vis-à-vis d'aucun parti. Ils attendaient l'heure de dicter leurs conditions et d'imposer leurs volontés.

« Ils ne se démasquèrent un peu qu'après le 24 mai 1873, sous le néfaste ministère de Broglie, lors de la ridicule et odieuse tentative de fusion de Froshdorff, qui a échoué si piteusement, et qui a tourné si complétement à leur parfaite confusion. Pour essayer de masquer leur déconvenue, ils se proclamèrent hautement conservateurs, et, bien qu'ils n'eussent, — à coup sûr, — et pour cause, — aucune sympathie pour l'empire, ils affectèrent de manifester encore plus de répulsion pour la République. L'empire, après tout, c'était encore la monarchie, et toute monarchie laisse toujours quelque lueur d'espoir aux prétendants des autres monarchies. D'ailleurs, l'empire, après les fautes et les crimes sous le poids desquels il avait succombé, n'était guère longtemps possible, tandis que, si la République s'implantait une bonne fois, adieu trône, liste civile, dotations. etc., etc. ! Aussi les orléanistes de l'Oise préférèrent-ils voter et faire voter pour le bonapartiste de Mouchy que pour le plus modéré des deux candidats républicains, M. Gustave Levavasseur, ancien orléaniste.

« Mais depuis que l'existence du comité de l'*Appel au peuple* et de la formidable organisation bonapartiste leur a été révélée, ils ont changé de nouveau leurs batteries. La restauration, à l'aide d'un coup d'Etat, du despotisme impérial et sa durée pendant quelques années, ne leur parurent plus aussi impossibles. Ils ne se soucièrent pas de voir leurs princes retourner en exil et d'assister encore une fois à la confiscation de leurs biens innombrables. Ils se tournèrent dès lors ostensiblement vers la République, non par patriotisme, mais par peur, non par raison, mais par intérêt. Ils se flattèrent que les républicains les confondraient avec les Thiers, les Rémusat, les Casimir Périer, les Lavergne, etc., et conservèrent l'arrière-pensée de n'accepter qu'une République purement nominale, étrangère aux institutions républicaines, ouverte à tous les monarchistes, mais rigoureusement fermée aux seuls républicains. C'est dans cet esprit qu'ils discutèrent et que finalement ils acceptèrent les lois constitutionnelles. Il ne faut donc pas s'étonner si les de Broglie, les Buffet, les Falloux, les Desjardins, etc., ont trouvé dans l'Oise des émules pour accepter, mais avec force arrièrepensées et avec force restrictions mentales, la Constitution du 25 février 1875, qui est actuellement la loi du pays.

« Il nous reste à savoir si tout danger bonapartiste est d'ores et déjà définitivement écarté, et comment les orléanistes soi-disant ralliés à la République se comporteront dans les prochaines élections générales.

« Nous ne devons pas nous dissimuler que, dans l'Oise, la situation politique est des plus graves. Le bonapartisme, par suite des faiblesses coupables de M. Choppin, ancien préfet, est plus menaçant que jamais. La presque unanimité des maires appartient à cette secte factieuse ; ce ne sera pas trop de l'union intime des républicains de toute nuance et des orléanistes plus ou moins ralliés pour triompher de l'ennemi commun. Malheureusement, il est à craindre que cette union ne puisse s'établir. Les républicains, même ceux qu'on appelle radicaux, étaient disposés, par haine et par dégoût de l'empire, autant que par patriotisme, à faire alliance, non-seulement avec les républicains de fraîche date, mais même avec les orléanistes plus ou moins déguisés. Mais voici que ces derniers, plus passionnés que clairvoyants, tout en se disant républicains, émettent la prétention d'écarter systématiquement de la liste dite républicaine tout républicain de la veille. Leur aversion pour la vraie République est telle qu'ils en oublient le 2 décembre et Sedan ! Ils espèrent qu'il leur suffira de se dire républicains, à la veille des élections, tout en calomniant les républicains sincères et depuis longtemps dévoués, qu'ils donneront le change aux nombreux électeurs qui, sans avoir d opinion bien arrêtée, se souviennent avec dégoût des plébiscites, et ne veulent plus à aucun prix de la dynastie des invasions. Aussi sont-ils résolus à proposer aux suffrages des républicains une liste composée presque exclusivement d'orléanistes déguisés. Ces habiles ne prennent pas garde, dans l'aveuglement de leur étroit égoïsme, que si la partie inintelligente de la bourgeoisie a peur de la démocratie, la fraction éclairée de la démocratie se défie des politiques à double visage. Or, le danger commun doit faire bannir, aussi bien la peur de l'esprit des uns que la défiance de l'esprit des autres, afin que l'union provisoire, sinon définitive, de tous les patriotes triomphe, une fois pour toutes, des mauvais desseins des aventuriers bonapartistes.

« Telle est la situation politique dans l'Oise. Les mêmes causes produisant partout les mêmes effets, il est probable que cette situation se retrouve dans un certain nombre d'autres départements. Voilà pourquoi j'ai cru utile de la signaler à l'attention de tous, afin que les véritables amis de la France, connaissant le mal, puissent consacrer tous leurs efforts à appliquer le remède.

« Veuillez agréer, mon cher directeur, l'assurance de mes meilleurs et plus dévoués sentiments.

« ANDRÉ ROUSSELLE,
« Conseiller général de l'Oise. »

(*Phare de la Loire* du 3 novembre 1875.)

---

Vous venez de lire la reproduction textuelle des articles qui ont appelé sur ma tête les outrages des agents salariés de Chislehurst et de Chantilly. Ces articles émanent-ils d'un traître, tardivement converti au bonapartisme, après une vie tout entière consacrée, — dès le lendemain même du 2 décembre 1851, à combattre et à flétrir les fautes et les crimes de l'Empire ? Emanent-ils d'un esprit absolu, fermé à la conciliation, qui ne saurait tenir aucun compte des nécessités du temps présent, qui repousserait les nouvelles recrues arrivant sincèrement à la République **et** qui aurait pour devise : *Tout ou rien ?* — Non assurément. — Les ennemis, plus ou moins déguisés de la République et de la démocratie, qui ont soutenu le contraire, ont donc sciemment **et** dans des intérêts dynastiques inavoués, altéré la vérité.

J'ai toujours été républicain : par principes, par raison et par patriotisme. A mes yeux, la République, — qui est le gouvernement de tous, par tous, et pour tous, — peut seule assurer à notre malheureux pays, — si agité par tant de révolutions, — l'ordre, la paix, la liberté et la justice. Comment veut-on que la nation puisse se soulever contre un gouvernement qu'elle constitue elle-même, et qui est son émanation directe, sincère et constamment renouvelable ! La République, c'est la France se gouvernant elle-même, non par les plus riches et par les plus nobles, — qui pourtant ne sont pas exclus, — mais par les plus capables et par les plus dignes, — qui enfin sont admis. Ce n'est certes pas au moment, où l'idée républicaine commence à être comprise partout, et où elle s'impose par la force même des choses et par la logique des événements, à ses ennemis séculaires, qu'un républicain, depuis longtemps convaincu et toujours dévoué, se sentirait atteindre par le découragement et déclarerait que l'espoir du triomphe l'a abandonné !

A la veille de nouvelles luttes pour le succès de notre idée commune et pour le salut du pays, je vous devais ces explications, que de basses calomnies avaient rendues nécessaires, — pour quelques-uns du moins, — et voilà pourquoi je me suis empressé de vous les fournir, par le seul moyen de publicité qui me reste et que n'a pu encore m'enlever l'ordre moral qui nous gouverne.

Veuillez agréer, Messieurs et chers concitoyens, l'assurance de mes meilleurs et plus dévoués sentiments.

André **ROUSSELLE**,

AVOCAT A LA COUR DE PARIS,

1, rue Hautefeuille.

Paris, le 20 novembre 1875.

3464. — Imqrimé par Ch. Noblet, rue Soufflot 18 Paris.

www.ingramcontent.com/pod-product-compliance
Lightning Source LLC
LaVergne TN
LVHW050255030726
842520LV00006B/2388